En mi escuela

Lada Josefa Kratky

Fotografías por
Armando Moreno

HAMPTON-BROWN BOOKS
FOR BILINGUAL EDUCATION

Quien sabe dos lenguas vale por dos.®

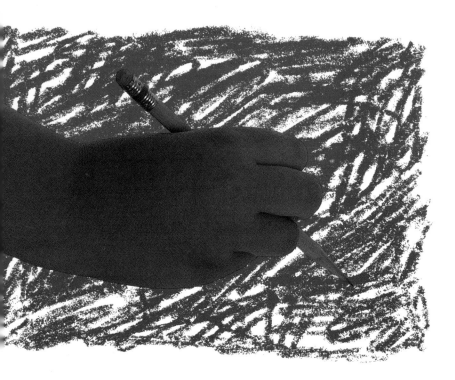

mi lápiz

mis tijeras

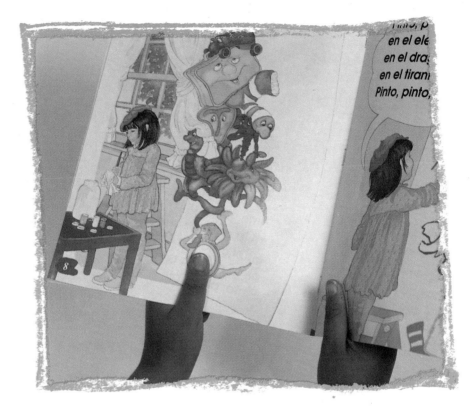

mi libro

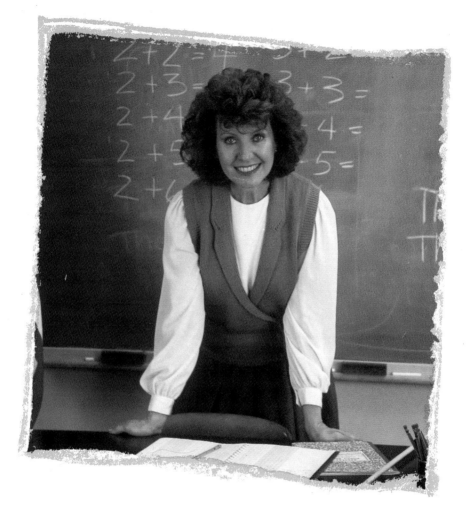

mi maestra

mis amigos

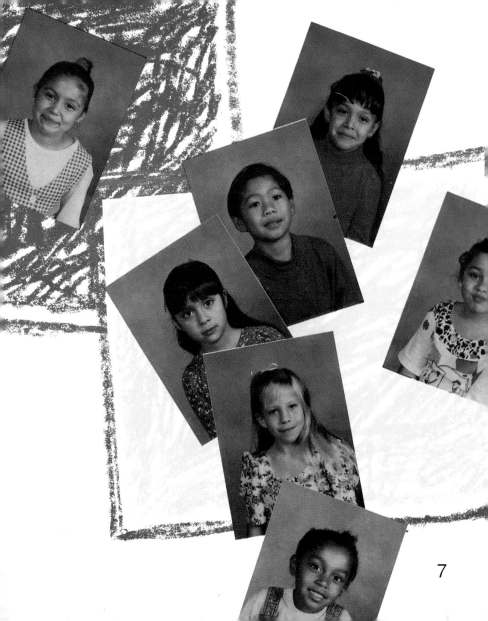

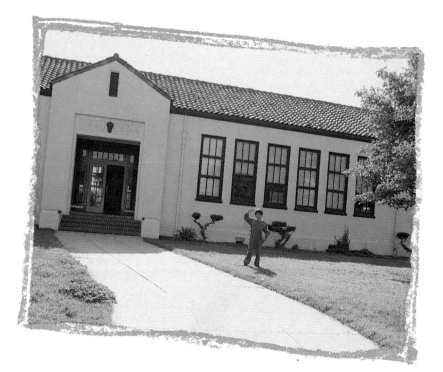

mi escuela